333 ERLEBNISSE FÜR PAARE UND VERLIEBTE

BUCKET LIST PÄRCHEN EDITION

LUCAS SOMMER

BUCKET LIST VERLAG

IMPRESSUM

Bibliografische Information der Deutschen Nationalbibliothek
Die Deutsche Nationalbibliothek verzeichnet diese Publikation
in der Deutschen Nationalbibliografie; detaillierte bibliografische
Daten sind im Internet über http://dnb.d-nb.de abrufbar.

ISBN: 978-3-947817-01-6(Taschenbuch)

1. Auflage August 2018

Druck: Amazon Media EU S.à r.l., Luxembourg
Author: Lucas Sommer, Hamburg

ein Imprint von sprojects UG (haftungsbeschränkt)
Barnerstrasse 28
22765 Hamburg

Wir freuen uns über Postkarten und Bilder eurer Erlebnisse

WARUM DIESES BUCH

Dieses Buch ist der ideale Begleiter für alle Paare, egal ob gerade frisch verl ebt, bereits Jahrzehnte ein Paar oder seit kurzem erst verheiratet. Eine erfolgreiche Beziehung lebt meist von den Erlebnissen und Herausforderungen die man als Paar gemeinsam gemeistert hat. Das Leben genießen und gemeinsam mit oder auch mal über den Partner lachen, das ist es was das Leben lebenswert gestaltet.

Wir haben in unserem Buch viele neue Ideen, kreative Inspirationen und positive Herausforderungen für euch gesammelt. Es warten viele gemeinsame Stunden in denen Ihr das Leben und eure Liebe mit viel Spaß und Abenteuer genießen könnt.

Ihr könnt unsere Ideen jederzeit um eure persönlichen Erfahrungen erweitern und mit euren Gedanken und individuellen Zielen ergänzen. Das Buch ist der perfekte Begleiter für alle, die eine spannende und humorvolle Partnerschaft auf Augenhöhe leben.

Ein ideales Geschenk für alle Pärchen die ihre Beziehung genießen möchten.

"Gib jedem Tag die Chance, der schönste deines Lebens zu werden."

Mark Twain

Bereit?

1. Eine gemeinsame "Bucket List" schreiben

oder diese hier nutzen

☐

2. Feiert dass ihr einander gefunden habt ☐

3. Schwebt auf Wolke 7 ☐

4. Erfindet Kosenamen für euren Partner

Der Kosenamen von ___________
ist ______________________

Der Kosenamen von ___________
ist ______________________

5.Spontaner Camping Trip für Verliebte

Wo hat es euch hin verschlagen?

6. Küsst euch romantisch unter einem Wasserfall

☐

7. Tauscht für eine Nacht eure Bettseiten

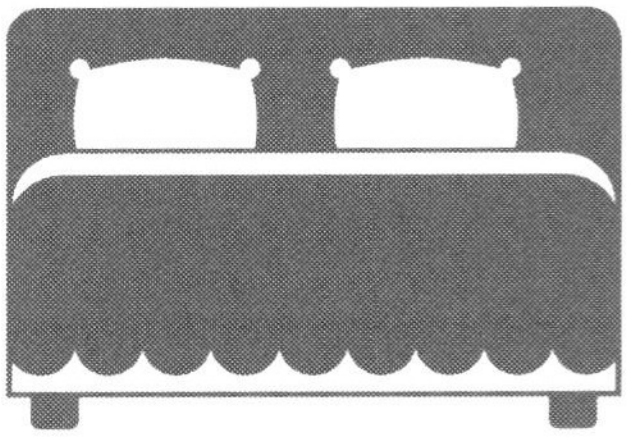

☐

8. Habt Spaß in einem Trampolinhaus

☐

9. **Klettert gemeinsam auf einen Baum**

aber bitte vorsichtig...

10. Lasst euch Partnertattoos stechen oder mit Tattoostiften malen

11. Zusammen "duschen" ☐

12.Spielt eine romantische Film-Liebesszene nach

Was habt ihr nach gespielt?

____

____

____

13. Spielt im Ikea verstecken ☐

14. Vergrabt ein Schatz für eure Kinder ☐

15. Teilt ein Geheimnis aus eurer Kindheit

☐

16. Baut gemeinsam ein Regal auf ohne zu streiten! Die Anleitung hat immer recht ;-) ☐

17. Schaut euch zusammen einen Horrorfilm an und? Wer beschützt hier wen? ☐

18. Versucht gemeinsam eine Kuh zu melken ☐

19. PÄRCHENKOSTÜM ZUM KARNEVAL

ALS WAS SEID IHR GEGANGEN?

20. Zusammen SHOPPEN!

☐

21. Gemeinsam Pilze sammeln und essen

Bitte nur die Pilze die auch essbar sind!

☐

22. ☐

FEIERT AUF DEM MÜNCHENER OKTOBERFEST

23. Saunatag ☐

24.Betrinkt euch gemeinsam ☐

25. ÜBERNACHTET ZUSAMMEN IN EINEM IGLU

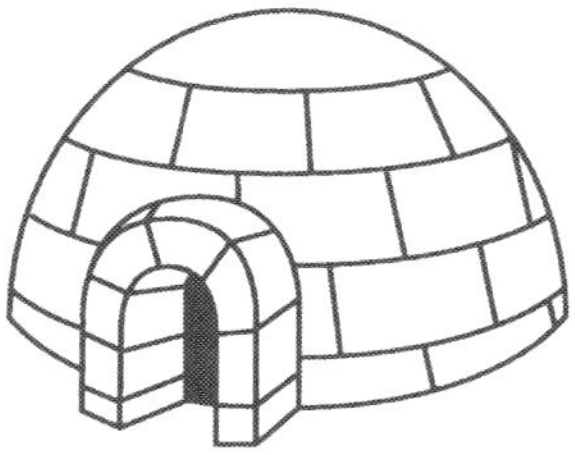

Warme Sachen nicht vergessen!

☐

26. JUHU, es ist "Nackt Sonntag" ohne Klamotten

☐

27.

Bastelt gemeinsam einen Helloween Kürbis

☐

28. Bestellt beim Lieferservice und esst im Bett

☐

29. Putz euch gegenseitig mit verbundenen Augen die Zähne ☐

30. Massiert euch gegenseitig die Füße

☐

31.

Habt euer erstes Date zum zweiten Mal

☐

32.

Genießt einen Fondue Abend zu Hause

☐

33. Bucht spontan am Flughafen ein Flugticket für den nächsten freien Flug

Reiseziel____________________

34. Weltrekord-Tag

Sucht euch einen Weltrekord und versucht ihn nach zu machen...

Euer Ergebnis

Weltrekord

35. Erlebt zusammen ein Abenteuer

Was habt ihr erlebt?

36. Entdeckt wozu der Küchentisch noch "gut" ist... ☐

37. Fahrt mit einem Tandem ☐

38. durch einen MC-Drive ☐
39. durch die Waschanlage ☐

40. Schmückt gemeinsam den Weihnachtsbaum ☐

41. Spielt Monopoly gegeneinander ☐

42. Lasst euch von eurem Partner seine Hobbies erklären

Ich habe heute von______ gelernt
wie ich________________________

Ich habe heute von______ gelernt
wie ich________________________

43. Esst euch satt beim Erdbeeren zum "selber pflücken"

☐

44.
Lernt "ich liebe dich" in 20 Sprachen zusagen

☐

45. Bucht ein Hotel in eurer Heimatstadt und genießt einen eintägigen Kurzurlaub

☐

46. Erfindet euren Cocktail

Rezept

48. Habt ein Foto vom Anderen im Portmonee ☐

49. Schreibt euch morgens Liebesbotschaften auf den Badezimmerspiegel ☐

50. Sammelt am Strand Muscheln und schaut wer die schöneren gefunden hat

☐

51. Gebt euch einen Eskimokuss

☐

52. Besucht gemeinsam ein Festival

Festival: ____________________

53. VERBRINGT EINEN GEMÜTLICHEN ABEND VOR DEM KAMIN

☐

☐

54. Küsst euch auf dem Eifelturm

55.

Seid glücklich und genießt EURE gemeinsame Zeit!

☐

Tauscht das Bett gegen:

- ☐ **56. Das Auto**
- ☐ **57. Die Waschmaschine**
- ☐ **58. Ein Hotelzimmer**
- ☐ **59. Ein Zelt**
- ☐ **60. Ein Kornfeld**
- ☐ **61. Einen Whirpool**
- ☐ **62. Eure Dusche**
- ☐ **63. Ein Parkhaus**
- ☐ **64. Eine Umkleidekabine**

65. Engagiert euch für ein gemeinsames Projekt

66. Besucht zusammen einen Tangokurs

Wie macht ihr euch?

67. Bringe deinem Partner morgens Kaffee oder Tee ans Bett

☐

68. Lege deinen Kopf auf das Herz deines Partners und höre den Herzschlag

☐

69. Bleibt die ganze Nacht wach und ....

☐

70. Macht es euch in der Badewanne gemütlich mit Schaumbad, Champagner und Kerzenschein

☐

71.
Sucht euch im Autohaus einen Sportflitzer aus und macht eine Probefahrt

☐

72.

Startet eine gemeinsame Tradition

73. Findet euren Song!

Interpret:___________________________________
Titel:_______________________________________

74. Geht zusammen euren Weihnachtsbaum schlagen

Glühwein inklusive!

75. Feiert so richtig übertrieben euren Jahrestag. Alles ist erlaubt!

☐

76.

SAGT EUCH GEGENSEITIG BEIM HANDLESEN DIE ZUKUNFT VORAUS

Kreativ sein, ernst blicken und authentisch wirken und die Zukunft hier aufschreiben

77.
Beobachtet den Himmel und findet ein paar Sternschnuppen

☐

Ihr habt einen Wunsch frei
pro Sternschnuppe

78. Übernachtet gemeinsam am Strand von_________________unter freiem Himmel

79. Macht einen Schnorchelausflug mit Schildkröten

80.
Schreibt jeweils 5 Gründe auf warum ihr euch liebt und steckt die zwei Zettel mit eurem Lieblingswein in eine Kiste.

Ihr werdet sehen, die Kiste hilft euch in der nächsten großen Kriese!

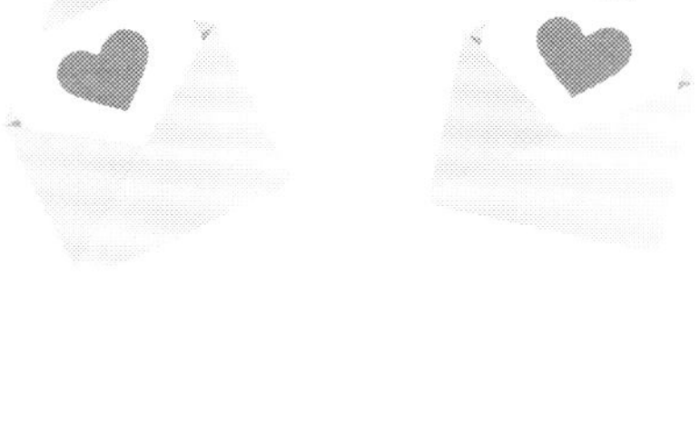

81.

Bestellt euch in der Eisdiele einen riesigen Eisbecher und schaut wie viele Kugeln ihr schafft

Kugeln

82. Strip-Poker - nur ihr Zwei

83.

Ihr habt gemeinsam etwas sehr peinliches erlebt? Hier ist Platz es fest zu halten...

84. Besucht nochmal den Ort
an dem ihr euch das erste Mal geküsst habt

☐

85. Zeichnet euch gegenseitig Bilder auf den Rücken und erratet was es sein soll

☐

86. BEFESTIGT EIN LIEBESSCHLOSS AN EINER BRÜCKE

Wo hängt das Schloss:

Was steht drauf:

Eine gemeinsame Weltreise

88.
Telefoniert stundenlang miteinander

☐

☐ 89. Baut mit gemeinsamen Kräften ein Baumhaus
☐ 90. und übernachtet in eurem Baumhaus

91. TANZT ZUSAMMEN AUF EINEM ÖFFENTLICHEN PLATZ

Zuschauer? Egal, einfach machen!

☐

92. Küsst euch unter einem Mistelzweig

und bleibt somit auf ewig zusammen!

☐

93. Übernachtet auf einem Heuboden

☐

94. Spielt gemeinsam im Kasino

Habt ihr etwas gewonnen? Wie viel?

_ _

95.
Genießt Arm in Arm den Sonnenuntergang

96. Langweilt euch zusammen

97. Reitet gemeinsam auf einem Pferd

98. Geht gemeinsam auf dem Markt einkaufen

99. und kocht euer Lieblingsessen

100.Wiederholt eure Hochzeitsreise

Wo ward Ihr?
Was war das schönste Erlebnis?

101. Gebt eine Woche kein Geld aus und lebt von Luft und LIEBE! ☐

102. Bringt euch gegenseitig eine Wärmflasche ans Bett ☐

103. Wacht gemeinsam in einem Traumhotel am Meer auf

☐

104.

Fahrt zusammen auf einem Jetski

☐

105. Macht am Neujahrstag ein Katerfrühstück im Bett

106. und haltet das mit einem Bild fest

107. Fahrt zusammen Kanu, jeder bekommt ein Padel

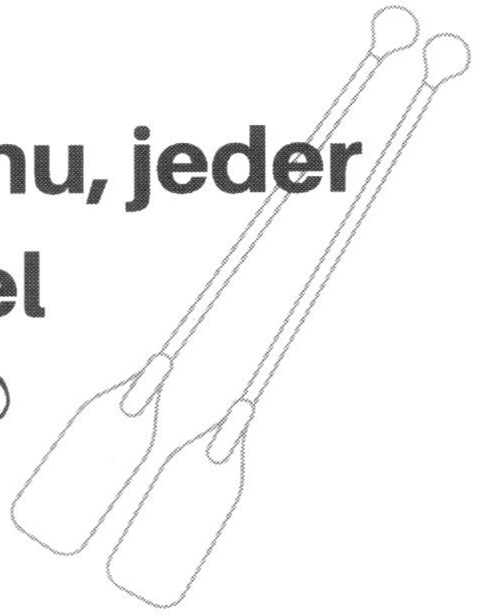

Das wird ein Spaß :-)

☐

108. Nehmt an einem Pärchenwettbewerb teil

Euer Platz::__________

109. Bastelt gemeinsam eure Weihnachtsdeko

☐

110.Hab den ganzen Tag nur SEX ☐

111. Erstellt euch gegenseitig eine Spotify-Playlist

112. Bestellt im Restaurant jeder drei Gerichte und esst so viel ihr könnt

113.

Verbringt einen Tag als Rollstuhlfahrer

Wechselt euch ab.
Welche Erfahrung habt ihr gesammelt?

114. Findet eurer nächstes Reiseziel durch den Wurf eines Pfeils auf die Landkarte

Reiseziel______________________

115.

Findet eine gemeinsame Aufgabe die EUCH Spaß macht !

☐

116. Lasst euch einen Tag lang mit Augenbinde durchs Leben führen

☐ Wie das gehen soll? Vertraut einander!

117. Überrascht euren Partner mit einem romantischen Picknick

☐

118.
Lest das gleiche Buch zur selben Zeit und sprecht darüber

☐

119.
Besucht gemeinsam ein Autokino

☐

120.
Sprecht einen Tag lang nur mit Akzent oder in einen anderen Sprache miteinander

☐

121. Erlebt gemeinsam eine Safari

☐

122. Macht eine romantische Fahrt im Riesenrad

☐

123. Erschafft gemeinsam ein "Kunstwerk" ☐

hier Bild einkleben

124. Erzählt euch morgens von euren Träumen

☐

125. Schaut euch an wo der Andere aufgewachsen ist

☐

126. Macht eine Wanderung durch die Wildnis

☐

127. Sprecht einen Tag nicht miteinander und merkt wie schwer es euch fällt

☐

128. MACHT EINEN LANGEN STRANDSPAZIERGANG

☐

129. Guerrilla Gardening - Pflanzt heimlich Blumen wo keine sein sollten

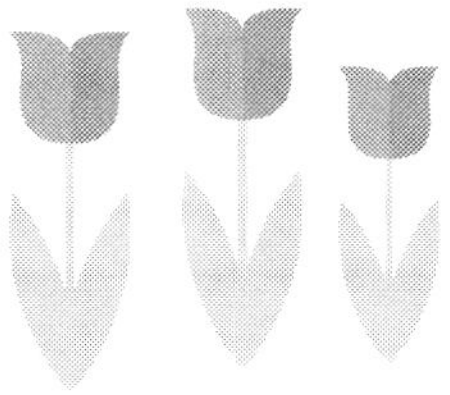

☐

130. Reitet zusammen auf einem Kamel ☐

131.
Reduziert euren Müll um 30%

für weniger Plastik und mehr Natur

☐

132. Gönnt euch ein drei Gänge Menü im 5 Sterne Restaurant

Gang 1:

Gang 2:

Gang 3:

133.

Feiert zusammen in Las Vegas

☐

134. Habt Sex am Telefon oder über die Webcam

☐

135. Teilt euch auf dem Stadtfest eine Zuckerwatte oder etwas Süßes

☐

136.
Denkt euch ein eigenes Begrüßungs-ritual aus

Hier könnte ihr euer Ritual beschreiben oder es zumindest versuchen :-)

137. Verbringt einen Sommer im Campervan

138. Tragt einen Tag die Klamotten des Anderen

oder nur mal kurz für ein Foto ist... ☐

139.
Bestellt im Restaurant für den Partner und anders herum

☐

140.

"ICH LIEBE DICH"
sagen

☐

141.
Tut es in der Öffentlichkeit und werdet nicht erwischt

☐

142.

Lasst bei Wind gemeinsam einen Drachen steigen

☐

143.
Verabredet euch offiziell zu einem Date

☐

144. Rastet zu Hause mal so richtig aus und lasst die Disco in euer Wohnzimmer

☐

145. Denkt euch drei ganz persönliche Feiertage aus

Feiertag 1:
Datum:___________
Name:___________

Feiertag 2:
Datum:___________
Name:___________

Feiertag 3:
Datum:___________
Name:___________

146. TAUSCHE 24 STUNDEN DEINEN ALLTAG MIT DEM PARTNER

WIE IST ES EUCH ERGANGEN?

147. Feiert Silvester in einem fremden Land

148.
Sucht euch ein anderes Pärchen für gemeinsame Aktivitäten

☐

149. Bildet bei einem Quizabend ein Team

Ihr Zwei gegen den Rest der Welt

☐

150. Macht eine Bar- und Restaurantour

Esst und trinkt immer nur etwas Kleines! Wie viele Lokalitäten habt ihr geschafft?
Was habt ihr gegessen und getrunken?

____

____

____

____

151. Einander zuhören

☐

152.

Malt gegenseitig ein Bild von euch

Das ist:________________________

Das ist:_______________________

Auto waschen, eine interessante Beschäftigung für Zwei:

- 153. Bei der Vorwäsche das Auto und den Partner so richtig einseifen
- 154. In der Waschanlage rum machen
- 155. Beim Saugen alte Schätze wieder finden

156. Findet euren Lieblingsplatz auf dieser Welt

157. Kommuniziert einen Tag nur mit Emojis

158. Kocht zusammen was Leckeres

159. und ladet eure Eltern und Schwiegereltern ein

160. Entdeckt euer gemeinsames Hobby

Was bringt euch Spaß?

161. Verschickt eine Flaschenpost

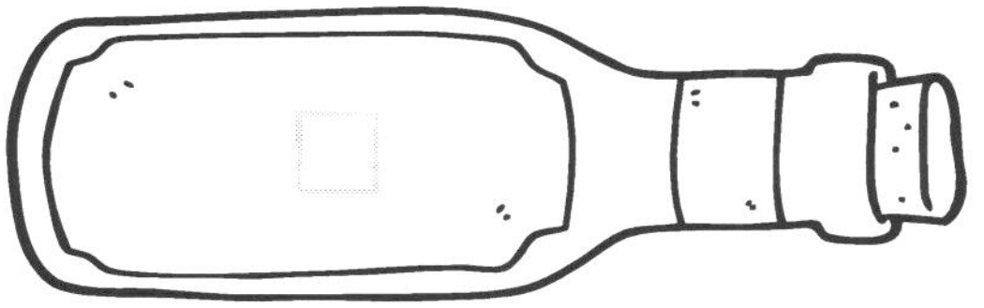

162. "Schlachtet" euer Sparschwein und gönnt euch etwas Schönes

Was habt ihr euch Gutes getan?!

163.

Wie könnten eure Kinder heißen?

Mädchen

Junge

164. Veranstaltet einen Pärchen Spieleabend

165. Bringt eurem Partner ein Geschenk mit

166. Tragt einander über die Schwelle

167. Nehmt euch richtig fest in den Arm!

168. Ruft beim Radio an und
lasst das Lieblingslied eures Partners spielen

169. Besucht im Frühling den Zoo und schaut euch die Tierbabys an

170. LAUFT EINEN TAG IM 80ER OUTFIT HERUM

171. Packt gegenseitig eure Koffer für die nächste Reise

Mal schauen was ihr vergessen habt! Besser beide denken an Verhüttungsmittel als keiner :-)

172. Genießt eine romantische Godelfahrt durch Venedig

ab 200 €/Stunde

173. Besucht ein Musical

Was habt ihr euch angeschaut?

174.

Seht ein Kind aufwachsen! Eurer Eigenes, euer Patenkind oder Nachbarskind

☐

175. Übernachtet gemeinsam in einem 90 cm Bett

☐

176.Streitet euch mal so richtig aber vertragt euch auch wieder

☐

177.

MACHT EINEN AUSFLUG MIT DEM TRETBOOT

☐

178. Schaut euch Arm in Arm ein Feuerwerk an

179. Geht ins Kino
und lasst den Verkäufer entscheiden was ihr zusehen bekommt

180. NEHMT AN EINEM SPORTEVENT TEIL

Z.B. LAUFEN, TRIATLOHN, HINDERNISLAUF - WIE IST ES EUCH ERGANGEN?

Findet eure Lieblingsorte zum Küssen

z.B. im Kino, in der Kassenschlange oder in einer dunklen Häuserecke

181. ______________________________

182. ______________________________

183. ______________________________

184. LASST EUCH VOM PARTNER DIE HAARE SCHNEIDEN

☐

185. Schafft euch ein Haustier an

Hund, Katze, Hamster oder doch lieber ein Hausschwein?

☐

186. Mile High Club :-)

☐

187. Schaut euch solange in die Augen bis einer lachen muss

Wie lange habt ihr es ausgehalten?

188.Geht zusammen Angeln

Habt ihr etwas gefangen? Wenn ja, was?

☐

---

189. Falls morgen euer letzer gemeinsamer Tag wäre, was würdet ihr heute noch machen?

Es ist Zeit für....

190. ☐ **...eine Kissenschlacht**

191. ☐ **... eine Schaumkussschlacht**

192. ☐ **... eine Glitzerschlacht**

193. STEHT REGELMÄSSIG FRÜH AUF

DIE BESTEN TAGE BEGINNEN FRÜH MORGENS! ☐

194. Fragt bei einer Flasche Wein euren Partner alles was ihr schon immer wissen wolltet.

195.
STEIN, SCHERE, PAPIER
WER GEWINNT?
ERKENNT IHR DIE SPIELMUSTER DES ANDEREN?

196. Heute ist Eistag!

Kreiert eurer eigene Eissorte. Dafür solltet ihr vorher reichlich Zutaten zum Ausprobieren kaufen. Google hilft euch bei der Auswahl.

Sorte:________________
Zutaten:______________
____
____
____
____

Sorte:________________
Zutaten:______________
____
____
____
____

197. GENIEßT EINE GEMEINSAME FAHRT IM HEIßLUFTBALLON

198. Renoviert gemeinsam euer Zuhause

Was wollt Ihr verändern?

199. Singt in einer Karaokebar ein Liebesduett ☐

200. So richtig zusammen lästern

Schaut euch stundenlang Menschen im Park oder Einkaufszentrum an und entdeckt die skurillste Person des Tages

☐

201. Macht gemeinsam jemandem eine Freude

☐

202. Geht solange in euer Stammlokal bis ein Gericht oder Getränk nach euch benannt wird

Wie heißt euer Gericht und was ist es?

203. Entwerft gemeinsam euer Traumhaus

204. Übernachtet in einem Baumzelt

205. Verschenkt dieses Buch wenn es euch gefallen hat

206. Geht zum Frisör und lasst den Partner die Frisur bestimmen

208. Zeltet doch mal im Wohnzimmer

207. Kauft euch ein Partnerlook Outfit

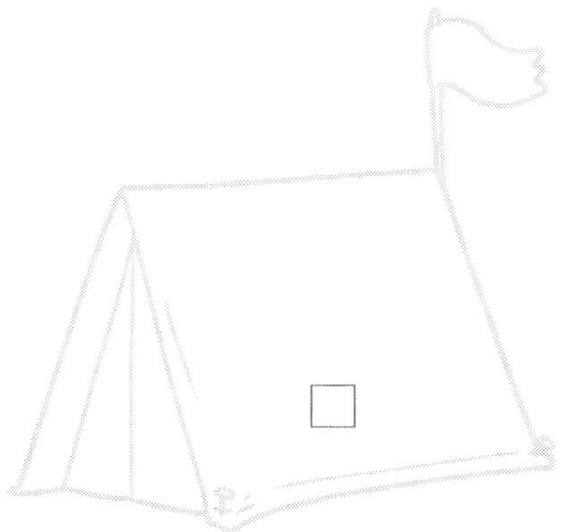

209.

Bucht euch einen Luxus-Tag im SPA

210.
Schlendert gemeinsam über den Weihnachtsmarkt

☐

211. Macht eine Filmnacht und schaut eure 5 Lieblingsfilme

1. ____________
2. ____________
3. ____________
4. ____________
5. ____________

212.
Übt einen gemeinsamen Zaubertrick ein und verblüfft eure Freunde

☐

213.
Baut zusammen einen Schneemann

☐

214. Betretet alle 7 Kontinente

215. Lasst es euch bei einer gemeinsamen Weinprobe mal richtig gut gehen

216. *Schaft euch gemeinsam etwas Besonderes an. Ein Kunstwerk?*

217.
Besucht eine Südseeinsel

218. Treibt gemeinsam Sport ☐

219. Geht zusammen auf ein Konzert, welches ihr sonst nie besuchen würdet!

Ihr mögt Schlager! Dann ab zum Metall-Konzert!

☐

220. Singe euer Lied laut im Wartebereich eines Flughafens

☐

221. Schaltet eure Smartphones und Laptops für 24 h ab und genießt eure gemeinsame Zeit

☐

222. Seid stolz auf eure Kinder

☐

223. Macht ein Selfie von einem richtig heißen Kuss

Foto einkleben

224. Startet einen gemeinsamen Fresstag

Was habt ihr alles gegessen?

225. Sich beim Anderen mal so richtig aus heulen

226. Geht zusammen aus und kommt erst morgens wieder nach Hause

227. Erlebt Paris

228. Erfüllt eurem Partner einen "Sexwunsch"

229. Wohnungstausch mit einem anderen Pärchen für ein Wochenende

230.Umsorgt euren Partner, wenn er krank ist ☐

231.Tragt euer Hochzeitsoutfit am Jahrestag

☐

232.Sagt eurem Partner regelmäßig was ihr an ihm mögt

☐

233. Zeigt euch gegenseitig eure schlimmsten Kinderfotos ☐

234. Holt den Anderen mit einem Herz-Heliumluftballon vom Bahnhof / Flughafen ab ☐

235. FAHRT ROMANTISCH MIT EINER PFERDEKUTSCHE

☐

236. Ritzt eure Liebesbotschaft in einen Baum

☐

237. Freut euch auf eure Goldene Hochzeit

Wann ist die genau??

_ _ . _ _ . 2 _ _ _

238. Fahrt gemeinsam auf einem Schlitten einen Berg herunter

239. Erklimmt zusammen einen Berggipfel

240. SCHWIMMT NACKT ZUSAMMEN IM MEER

241. Verbringt den Tag am Strand

☐

242. Macht eine Fotowand mit den beliebtesten Fotos

☐

☐

243. Besucht einen Food Truck Markt

☐

244. SPIELT MINIGOLF GEGEN EINANDER

WER HAT GEWONNEN?

245.

Engagiert euch gemeinsam für die Umwelt

☐

246. Veranstaltet eine Pärchen Videogame Nacht

☐

247. ZEIGE DEINEM PARTNER WIE GERN DU IHN HAST

☐

248. **Baut eine riesige Sandburg**

☐

249. *Massiert euch gegenseitig den Rücken*

☐

250.
Einfach mal den Anderen überraschen

☐

251. Süßigkeiten- und Schokoladentasting

☐

252. Baut ein paar Papierflieger und schaut welche am Schönsten fliegen

☐

253. Stöbert einen Vormittag durch den Buchladen um die Ecke und zeigt euch die interessantesten Bücher

☐

254. Schreibt euch kleine Liebeszettelchen und versteckt Sie in den Sachen des Anderen

☐

255.

SPIELT WAHRHEIT ODER PFLICHT ?

☐

256. Plant gemeinsam eure nächste Reise

☐

257. Besucht einen FKK-Strand ☐

258. Sucht das Beste "Fast Food" in eurer Stadt

☐

259.

Bietet euch gemeinsam als Babysitter oder Hundesitter an

☐

260. Plant eure gemeinsame Zukunft.

In 5 Jahren

In 10 Jahren

261. Verzeiht einander eure Fehler

☐

262.

Kauft euch gemeinsam einen Lottaschein

☐

263. Weckt euren Partner mit einem Kuss

☐

264. Baut etwas aus Naturwerkstoffen und versucht es zuverkaufen

☐

265.

Macht einmal im Jahr ein Foto von euch in immer gleicher Position und fügt alle Fotos nach 30 Jahren zusammen

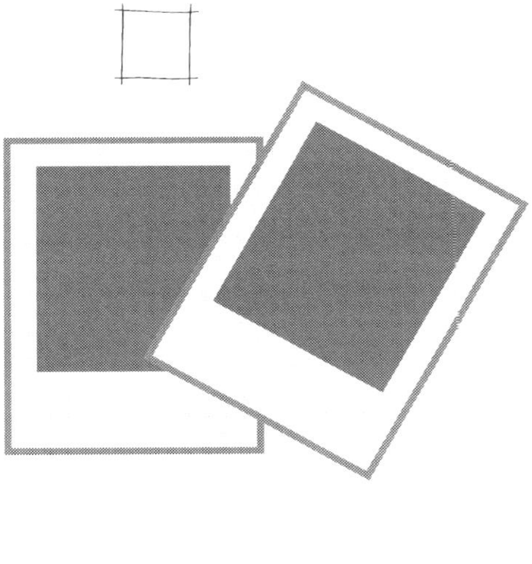

266.
Fahrt in der Vorweihnachtszeit
durch eure Stadt und schaut euch die
Weihnachtsdekorationen und Lichterketten an

267. VERHALTET EUCH EINEN TAG SO WIE EUER PARTNER

268. Lest euch gegenseitig aus einem Buch vor

WELCHES BUCH HABT IHR GELESEN?

269. Unternehmt eine Nachtwanderung

270. Macht den Anderen zum Model und fotografiert euren Partner aus allen Positionen

271. Macht gemeinsam Sushi

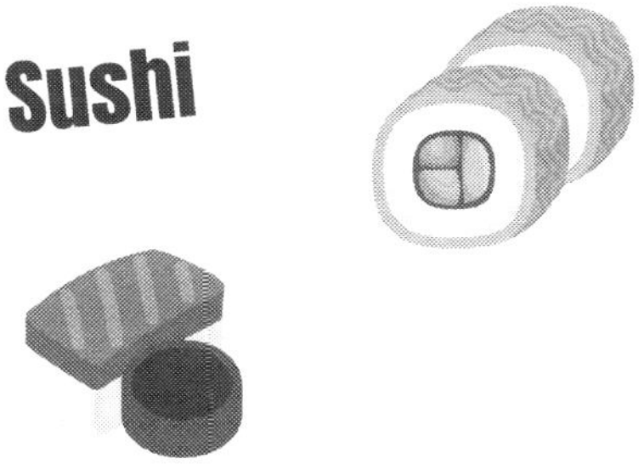

272. Lest dem Partner aus eurem Tagebuch aus Kindertagen vor

273. Empfehlt euch gegenseitig ein Hörbuch

274. Besucht einen Poety Slam und habt Spaß an den Texten der Anderen

275.Erlebt einen Christopher Street Day

276. Genießt eine Grachtenfahrt durch Amsterdam

277. Haltet den ganzen Tag Händchen

278. Geht gemeinsam zum Wahrsager

279. Ladet alle eure Singlefreunde zum Brunch ein

280. Organisiert euch gegenseitig eine Geburtstagsparty

☐

281. Schaut spontan was heute Abend so los ist in eurer Stadt

Egal ob Festival, Kunstausstellung, Flash Mob oder Stummfilm Ausstellung, raus mit euch!

☐

282.

Gewinnt mit einem Pärchenfoto einen Fotowettbewerb

☐

#Profi :-)

283.
Stellt ein paar grundlegende Regeln für eure Beziehung auf:

284.
Welche Ausnahmen von den Regeln gibt es ?

285. Pack eurem Partner ein Lunchpacket wenn er alleine auf Reisen muss

286.

ERLAUBT EUCH EINEN SPAß MIT EUREN FREUNDEN!
HIER IST DER PLAN:

287. Übernachtet im Freien

288.

Geht doch mal gemeinsam shoppen - im SEXSHOP

289.

Ändert eure Routine und baut mehr Abenteuer ein

290. Küsst euch unter Wasser

291. Zeigt euch gemeinsam eure alten Zeugnisse

292.
Braucht ihr alle Sachen die ihr besitzt?

Befreit euch und verschenkt oder verkauft eure überflüssigen Dinge! Weg damit:

293.
Wandert durch eine Weinregion und verkostet dabei den ein oder anderen Wein

Was habt ihr erlebt und probiert?

294. Organsiert einen Kochwettbewerb mit anderen Pärchen

Vier Wochen, vier Orte, vier Pärchen! Mögen die Besten gewinnen!

Gewinner Paar/Essen:

295.
Baut eine Kissenhöhle im Wohnzimmer

☐

296.
Teilt euch im Kino eine riesige Portion Popcorn

☐

297.
Lacht zusammen bis ihr Bauchschmerzen bekommt

298. Besucht ein Katzencafe

Wie war es?

---

299. Geht gemeinsam Ski fahren

☐

300.
Heimlich einen Urlaub planen und den Partner mit gepackten Koffern bei der Arbeit abholen

301. Nachts gemeinsam im Freibad schwimmen

☐

302. Geht gemeinsam Squit fangen

☐

303. Macht gemeinsam eine Diät

☐

304. LEBT GEMEINSAM EINEN TAG OHNE STROM

☐

305. Habt gemeinsam Spaß in einem Bällebad

☐

306. Fahrt in den Liebesurlaub/Flitterwochen auf die Malediven!

☐

307. FEIERT EIN FEST ZUM AUSZUG DER KINDER

☐

308. SCHREIBT EIN GEMEINSAMES PÄRCHENTAGEBUCH

☐

309. Vermisst einander ☐

310. Kauft euch gegenseitig sexy Unterwäsche ☐

311. Lasst ein paar "fliegende Laternen" in den Nachthimmel steigen

☐

312. Sucht eine Serie die Ihr gemeinsam guckt

☐

313. Übernehmt eine Tierpartenschaft ☐

314. Verbringt eine Nacht an einem Ort an dem es angeblich spukt

☐

315. Findet die beste Eisdiele im Umkreis von 20 KM

Wo habt ihr sie gefunden?

_ _ _ _ _ _ _ _ _ _ _ _ _ _ _ _

316.Verbringt Weihnachten in einer einsamen Berghütte

□

317. Erneuert regelmäßig euer Liebesversprechen □

318. Verbringt zwei Wochen ohne den Anderen!

□

319. Kommuniziert einen Tag nur über eure Smartphones

320.

Sprecht euch 24 Stunden lang nur mit dem Namen des Partners an

321. Lasst euch eine spannende fiktive Story einfallen die ihr auf Partys glaubwürdig gemeinsamen erzählen könnt

322. UNTERNEHMT ETWAS AUSSERHALB EURER KOMFORTZONE

WAS KÖNNTE DAS SEIN? WIE IST ES EUCH ERGANGEN?

323.
Meldet euch bei einer TV Pärchen Show an

324. Beobachtet einen Meteoritenschauer

☐

325. Spendet etwas für einen guten Zweck

Für was habt ihr gespendet? Wie ist das Gefühl?

____

____

326. Esst ein Jahr kein Fast Food

☐

327. Erlebt ein Abenteuer mit eurer ganzen Familie

☐

328.

Macht lustige Fotos in einer Fotobox z.B. an einem Bahnhof

☐

329.

Verkleidet euch als Obdachlose und sammelt den ganzen Tag Geld. Verschenkt das Geld am Ende des Tages an die, die es wirklich benötigen

☐

330.

Dreht ein total verrücktes Video und ladet es auf YouTube hoch

331.

Geht gemeinsam zum Geocaching

332.

Überlegt euch was ihr vom Partner braucht um dauerhaft glücklich zu sein

Ich __________ brauche:

Ich ____________ brauche:

live
laugh
love

333.

Ergänzt diese Bucketlist

um eure persönlichen Ziele und Ideen

334 - 500
weiter geht es mit eurem gemeinsamen Glück und eigenen Ideen

„Einen Menschen lieben,
heißt einwilligen,
mit ihm alt zu werden."

Albert Camus

"Das Leben wird nicht an der Zahl unserer
Atemzüge gemessen,
sondern an der Zahl der Momente,
die uns den Atem rauben."

Maya Angelou

Printed in Poland
by Amazon Fulfillment
Poland Sp. z o.o., Wrocław

65443986R10072